FERIDE AFRUZ

Günaydın

© Taemeer Publications LLC
Gunaydin
by: FERIDE AFRUZ
Edition: March '2024
Publisher:
Taemeer Publications LLC (Michigan, USA / Hyderabad, India)

ISBN 978-93-5872-538-4

© Taemeer Publications

Book	:	Gunaydin
Author	:	Feride Afruz
Publisher	:	Taemeer Publications
Year	:	'2024
Pages	:	72
Title Design	:	*Taemeer Web Design*

GÖNLÜM

Seven kişi har olmaz, Şefkat
arayıp zar olmaz, Dünya göze
dar olmaz, Gönlüm, senin
halin nasıl?

Âşıklıkta taravet var,
Azabında halâvet var,
Mürüvvet var, şefaat var,
Gönlüm, senin halin nasıl?

Yağmur olsam çöller kalmaz,
Gitse gelmez yollar kalmaz,
Benim gibi köle kalmaz, Gönlüm,
senin halin nasıl?

Bile bile korlar bastım,
Aşk üstüne bayrak astım,
Değerimden kendim geçtim,
Gönlüm, senin halin nasıl?

Hepsindin kötü hicran, Bu
can sana bela gerdan,
Öldürmezse yeter arman,
Gönlüm, senin halin nasıl?

Bilirsin – ki can emanet, Mal
– u dünya şan emanet,
Damardaki kan emanet,
Gönlüm, senin halin nasıl?

VATAN HAKKINDA HÜR SARKI

Kalamam seninle siyah günlerim, Affet
beni ıstıraplar, şimdi elveda. İğde çiçek
açıp duran amber geceleri,
Hakkim yoktur ağlamaya, aydınım rüya.

Selam asuman, selam güneş, merhaba sabah
Yıllarca inleyip çağırdığım, sevgili yârim, Şimdi
visal, şimdi mutluluğa kavuştu anlar. Hürlük,
benim sahibimsin, iffetim, arîm.

Hakkim yoktur, cüretim yok, uçuyor gönül,
Kendimindir şimdi bu şan, dizginim, dilim.
Bak nasıl yüksekte uçmakta gönül, Muratları
lale gibi açılan gülüm.

Ateşte yanmaz, suya batmaz şimdi bu vatan, Yer
küresi alınana yazıldı: "ÖZBEK"
Her hacının hicretinde nurlanır bu ten,
Kur'anla hadisle kadere girmek.

Kalamam seninle siyah günlerim, Affet
beni ıstıraplar, şimdi elveda. İğde çiçek
açıp duran amber geceleri
Hakkim yoktur ağlamaya, aydınım rüya.

Hakkim yoktur inlemeye, figan çekmeye, Kadiri
leb ruhu artık azap çekmez hiç.

Düşman senin fırsatın yok tohum ekmeye, Geçti hamlık, bitti günüm, şimdi çok çok geç.

Artik geçtir, kimliğini tanıdı halkım, Geri dönmek beyler için ölümdür ancak. Taşı dövüp bitip çıkan istiklal çiçek, Babaların ruhlarına olan salıncak.

KIZ KARDEŞIM SAADET HANIMA

Bilirim, kız çocuk palahman[1] taşı,
Birlikte doğsak – da başka yoldaşı,
Özledim, bati günün güneşi, Kardeşim,
yollarına bakıp yaşarım.

Kuşku hançerdir, canımı diler,
Hasretle birlikte yüz parça eder,
Ey vah, ne zaman cihanım güler,
Kardeşim, yollarına bakıp yasarım.

Bensiz de günlerin gülüşü mümkün, Yarım aylarında doluşu mümkün, Özlemden insanoğlu ölümü mümkün, Kardeşim, yollarına bakıp yaşarım.
 Gerçi aramızda düşman az değil,
Söndürmek isterler, güneş mum değil,
Yanımda olursan acılar acı değil,
Kardeşim, yollarına bakıp yaşarım.

Çaylar yeterlidir, dere gerekmez,
Yalanlar doyduran rüya gerekmez, "Bize
didar gerek dünya gerekmez"² Kardeşim,
yollarına bakıp yasarım.

Sensiz yaşamayı öğrendim şimdi, Şimdi
vücudumu acıtmıyor firak, Güvercin
hayaller uçuyor, bak, Hasretler kervan
gibi gitmekte uzak.

Uzak şimdi bana açılmış bağlar,
Neşeli buluşmalar seraptır, rüya.
Omzumda ayrılık- yüceli dağlar,
Yürek uçuşunu kaybeden kuştur.

Sevdim sevgilerim seni sarmadı,
Yandım yanmalarım yandırmadı hiç.
Mürüvvet visalden sözler açmadı,
Bir kere gelmedi, gelme artik geç!

Artik geç, unuttum, unuttum endamını Kaşların,
gözlerin... Hepsi yalan.
Unuttum cihanda yok ve varını, Artik
sen şarkimsin bin yıllık arman.

Yalnız kadın, solacak elbet,
Damar – damarları kurur başak.
Ey sen, yalan dünya, kuruyan ağaç, Eden
davaların- bebeksiz beşik.

Yalnız kadın, solacak elbet, Gerçi
o Nihal, kirpikleri çimen.
Ey sen, uyumuş dünya gözlerini aç, Ne
garip, mumun yandı ne zaman.

Yalnız kadın, solacak elbet,
Bir damla su getir kuşun dilinde.
Çiçek açmazsa can sana kefil,
Kırlangıç yuva yapmış mahzun gönlünde.

Yalnız kadın, hepsi boşuna!
Onu ne altın tutar, ne taç-i devlet.
İki dünyam yanmasın dersen, Sen
onu sev, sev onu fakat.

Ben kimim,
Terk edilmiş kuyu,
Yağmurların yâdından çıkan,
Balıklara susuz can veren,
Kamışları oyup nemlenen, Terk edilmiş kuyu.

Sen kimsin, Suya
inen taş,
Kayaların hafızasından silinen,
Zelzelede top top yıkılan,
Tepelerden ebedi kovulan
Suya inen taş.

Aşk nedir,
Eski değirmen,
Dünyaların hatırında yok,
Baykuşlar ev kuran Bengi,
Yarasaların uçtuğu mekân,
İkimizi dağ gibi ezen, Eski değirmen.

Geleceksen gel yoksa elveda, hoş.
Boğazımda ağlıyor bir kuş, Şimşek
isen gökyüzünden düş, Özlemeye
halim kalmadı.

Dilersen dünyayı yaya gezerim,
Çöllerini çiçeklerle bezerim,
Karahindiba gibi sensiz dağılırım,
Özlemeye halim kalmadı.

Yeter ihtiyarim dağa, ırmağa,
Oğlan olup savaşa girmeye,
Ayrılık indi saçtan tırnağa,
Özlemeye halim kalmadı.

Yandırmacıksan – yandırma, kırkım[1],
Umutları uydurma kırkım,
Ne yapsan da sevdirme kırkım,
Özlemeye halim kalmadı.

✧✵✧

Canim benim, kaşım benim, gözüm benim,
Boğazımda bin yanan sözüm benim, Fırtınalara,
ateşlere dayanıp,
Bir nefesten alevlenen yüzüm benim.

Kaşım benim, gözüm benim, canım benim,
Gariplikte bulan mülküm, şanım benim, Gâh
ağlatıp, gâhî sarhoş, delilerce, Damarımda
şarki söyleyen kanım benim.

Canim benim, gözüm benim, kaşım benim,
Kipçiğimde dökülmeyen yaşım benim, Dönüp
da dolaşıp da içemeyen, Ganimlarim zehir
katan aşım benim.

✧✵✧

Beni bırakıver, Dormen bağları,
Evime gideyim, evim de yalnız.
Başörtüm çekme elma dalları,
Seninle kalırdım eh, vakit tığız.

Canimi ömrüme dağıtıp bittim,
Ki, fırsat ardından yetişmek de olmaz.
Yavruma köprüyüm, kardeşime dağîm, Yârim
gönlümün küpü dolmaz.

Hani şimdi seninle kalsam bir ömür, Şiir
yağan yağmurlu gecelerinde.
Sabahın köründe uykumu bozup,
Çatlayıp açılan goncalarınla.

Beni bırakıver, Dormen bağları, Gerçi
sen gönülsün, dilsin, yüreksin. Bağrı
geniş bağım, gönlü beyazım, Her
derviş kadehinde dinen dileksin.

İzimi takip eder bağlar avare, Ben
bir cömert can kulum uğura. Ben
seni can diye götürürdüm, Sonra ne
derim Said Ahmede[1]?

Günaydın

Kapını bilmeden açtım,
İçeride kimler var?
Ne olsa da kendimden geçtim,
Sensiz göze dünya dar.

İçeride biri vardır, Belki
sığmayız üçümüz.
Güvendiğim dağ mağaradır,
Bunun hepsi suçumuz.

Kapını bilmeden açtım, Nur
yağıldı başımdan.
Ne olsa da değerimden geçtim,
Geçip otuz yaşımdan.

Eşiğinde hiç durulmaz,
Dışarıda yok hayat.
Geriye de yol yok şimdi,
İçeriden yok necat.

ANNA AHMATOVA HATIRASINA

Annacım, tek basına ağlama,
Gel burada dert ortağın, kardeşin var.
Separe canini dalgama,
Önünde aydınlık tanlar var.

Sonsuz hayal sinirsiz varlık,
İnadına yasayalım araba.
Niçin sair kısmeti horluk, Her
zaman yüz yüze kezzaba.

Yıldız kaysa, varlık dinse eğer,
Sessizliğin kılıcı omzumda
Kelebeğin kanadı kırılsa eğer,
Yüreğime diken batar.

Yüz yıldır sesini dinliyorum, Halim
yok, ruhum yok, elim yok.

Düşünüyorum, ağlıyorum, inliyorum,
Biliyorum, şaire ölüm yok.
Annacim, sen söyle, sen söyle,
Gülmezsin, ay gibi dolmazsın.
Ah, sen benim bağrıma don, Sen
benim kalbimde ölmezsin.

ANNEN ÖLMESİN

Olsun, baştan taç tahtın gitsin,
Vücudunu titremeler sarsın,
Sen mağlup ol, düşmanlar yensin, Fakat
annen yanında olsun.

Bırakıp gitsin dostların hepsi,
Olsun, sen yalnız kal serseri,
Hasta mı genç mi ya da yaşlı,
Fakat annen yanında olsun.

Ağabey-kardeşin dağ gibi kalkan,
Ablaların şefkatli, derman,
Can ciğerler bir can-u cihan, Fakat
annen yanında olsun.

Ekmeğin tamdır, üst-başın bütün,
Bayramlar siz geçmektedir gün, Her
gece bir caninde düğüm, Fakat
annen yanında olsun.

Sevgisi yalan gözleri taş, Her
nefeste yanında yoldaş,
Dünyayı gezip bulamazsın gönüldeş,
Fakat annen yanında olsun.

Gönül açar bahaneler bol,
Yeryüzünü dolduruyor gül, Haydi,
sen gül, gül bakalım gül, Fakat
annen yanında olsun.
Yüze girse yüzlerin Şirvan, Her
zerrende baraka harman,
Damarını kesemez arman, Fakat
annen yanında olsun.

Bir anda ömür-nur söner,
Boğazında nefis can donar,
Anne desen dillerin kanar,
Fakat annen yanında olsun.

Zemin gibi dön başım,
Ömrüm gibi zorlan yürek.
Ne olsa da dur sabırım, Ne
olsa da yaşamak gerek.

Zemin gibi dön başım,
Dön, canim bela gerdan.

Yürü, gideriz, çabuk ol, İkbal
bekler sergerden[1].

Dağda kalsın sitemkârlar,
Uyandıralım Zehraları.
Leylicinim, yürü kardeşim,
Gülleşelim sahraları.

Cüret hazırlan, hazırlan vücut, Ben
amanım, aman âlem.
Ağlamalarım beni unut,
Gözyaşlarım bitti, annem.

Günaydın

Dön hayal, çirpirek ol, Hala
umut kavak-kavak. Armanlar
ki hiç yormadı, Şimdi bahttan
ölsem gerek.

15

Yine Geri Dönmenize

Kadar Mahmude

Siz gidersiniz uğurlarım sessiz,
Abla sizin eviniz başka.
Yine geri dönmenize kadar
Sırlarımı söylerim taşa.

Kapı inler, kapanır çaresiz, Ah
çeker zülüfüm de aheste. Yine
geri dönmenize kadar Gönül
gözdür, yürekler hasta.

Ben korkarım "dostum" diyenler,
Halvetlerde oyar gözümü.
Yine geri dönmenize kadar
Ejderhalar çiğner sözümü.

Her zorluğa bulursunuz çare,
Bırakarak acımı uzağa.
Yine geri dönmenize kadar
Dönüyorum yine soruya.

Sessiz ağlarım, belli etmeden,
Günüm-sabır, gecelerim bağdaş.
Yine geri dönmenize kadar
Saç beyazlar, size eder faş.

Ya, tallahim, bu nasıl zincir, Her
teli bağırdan, candan.
Yine geri dönmenize kadar Sabır
dilerim kadir Mevtamdan.

Kendim için yaşamak ağır,
Alınımı Hak'a tutarım.
Yine geri dönmenize kadar
Yalnız sizin için yaşarım.

Uçkur at binen binici
Endamın heybetli, iyi.
Adımını düşünüp at – İzin
dolu gönüllü.
    Gerçi yiğidin gülüsün,
    Kaderinin kulusun.

Uğurun gitse elinden, Yılan
çıkar koynundan. Dönse
döner şeytanlar Sen
dönmedin yolundan –
    Gerçi yiğidin gülüsün,
    Kaderinin kulusun.

Nefsin dibi asli yar,
Bu yar ancak kan içer.
Eyvah onu şarap diye
Kim sana kadeh tutar.
    Gerçi yiğidin gülüsün
    Kaderinin kulusun.

Zülüm etsen eğer eşe, Zehir
düşer rızka, aşa[1]. Arman
tutsa yakandan, Alınkini
vur taşa.
    Gerçi yiğidin gülüsün
    Kaderinin kulusun.

Yalan yazarsa kalemler,
Aldatsa da senemler.
Büyüyecek göksünden Damar
açan elemler –
  Gerçi yiğidin gülüsün gülü,
  Kaderinin kulusun.

Başın değse de asumana,
Selam ver hep çapaya.
Seni melek doğurmadı Elbise
al annene –
  Gerçi yığ gulusun gulu,
  Kaderinin kulusun.

✧✧✧

Bütün gece durmadı yağmur,
Bütün gece nine söyledi güz.
Hasreti bırak, sabah olda artik,
Gece bitti bitmedi söz,

İşte bak, elmalı bağlar,
Sallanıyor ne kadar güzel,
Yıkanıyor yürekte dağlar,
Aşüftelik – kaderi ezel.

Rüzgârlar da aheste durur, Sarhoş
yapraklar… Yanar göz,

Huzurladır, yavaş iç çeker, Çiv
çivini sayıp bitiren güz.
Geç güz. Dormen uykuya inen,
Can katar canına hürlük,
Damarıma taze kan katan, Sesine
kurbanım sessizlik.

GIDERIM...

Günaydın

Olsun, ben giderim, donuş yok asla, Bu
yolda döneni öldürür gurur.
Sen okşayan saçımı ben kesip atıp,
Ağlamadan yaşarım, işte sen bak, dur.
Göğsüme bir yumruk atıp!

Olsun, ben giderim, donuş yok asla,
Dönse dönebilir yüzsüz mevsimler.
Yalvarma, rüzgârlar, yağmur, ağlama,
Diz ç imrenme, yetim dilekler,
Canimi tuğlama!

Olsun, ben giderim, donuş yok asla,
Dönüş yollarıma basılan
Horluğun ağacı gök gibi yüksek,
Dallarına sallanıp darlar asılan,
Mercanıma bitişik!

Olsun, ben giderim, donuş yok asla,
İstediğin ne varsa sana bırakıp.
Asumana ay gibi çekip giderim,
Yastıkların rüyaya doldurup,
Gitsem de, giderim?

ILINÇ

Bugün de ışığın yanmadı, Bugün
de yüreğim karanlık. Bugün de
aşk özden dönmedi, Kan ağlar,
kan ağlar bir duygu.

Bugün de yaşadım boşuna,
Şu, vefasız uğura inanıp.
Caduger ilinçler damında, Gah
ağlayıp, gahi da avunup.

Bugün de ayalarım kınasız,
Bugün de kaşlarım kalemsiz. Bu
donmuş ilinçler ilahsız, Hançer baz
aşk, yolum kapatma!

Ruh rüzgarı teni sarsıttı, Şimşek
vücut alevler saçtı, Gece yağan
yağmur yordu, Gel, bugünü
bayram yapalım.

Geçen günüm nedamet, arman,
Rahat bilmez sergerden bu can,
Yazık ömür ortada sarsan,
Gel, bugünü bayram yapalım.

Ezel cana zeval endişe[1]
Bu dünyada yalnız aşk-peşe[2],
Ayrılığa alıştık hamişe,
Gel, bugünü bayram yapalım.

Öpüyorsa saçlarını nur, Mutluluk
nedir kelebekten sor, Kalk
yerinden ne olursa olur, Gel,
bugünü bayram yapalım.

İşte seni gördüğüm rüya değil,
Hayalinsin ruhum ruh değil, Gök
kırılıp yere düşecek değil, Gel,
bugünü bayram yapalım.

Bir ah çeksem geri döner say[1],
Söyle, dileğini diye döner say,
Canımı taştan mi yapay,
Gel, bugünü bayram yapalım.

Sabahım belki de armana gider,
Aşk kısmeti ikimize kader,
Ben seni iğrenip çağırdım, meğer, Gel,
bugünü bayram yapalım.

✧✧✧

Senden başka yok ilincim, senden
    başka yok necat,
Seni ise uçurur, gizler rüzgarlar,
Deli rüzgar nerden bilsin,
    nerden bilsin değeri.
Bir adim da atamayacağını,
    damar atan sabrın.

Senden başka yok ilincim,
    senden başka yok necat,
Seni ise söndürür,
    yıkayıp diğer yağmurlar, Deli
yağmur nerden bilsin,
    nerden bilsin dinmeyi, Bir
gecede bin değişip,
    Ağlayacak gülmeli.

Senden başka yok ilincim, Senden
    başka yok necat,
Seni ise sarıverir,
    Her köşede güneşler. Deli
güneş nerden bilsin,
    Nerden bilsin buzlanmayı,
Bahar, yazın yaşamadan,
    Birdenbire güzlemeyi.

Senden başka ilincim yok,
    İndi bende yok necat,
Rüzgâr ile işim yoktur,
    Yağmuruna yok dayamam,
Yansın, yansın güneş
    Yanıversin ömrün de,
Ömrün ise uzu-u-n olsun,
    ilinç yaşı var niye gözünde.

İlinç niçin gözlerin nemli

NE KADAR IYI

Ne kadar iyi seni özlerse birisi,
    Yüreği hasretle beklerse.
İster o küçük kardeşin olsun, ister ağabeyin Yine
    de iyidir tanımadığın biriyse.

Seni özlerseler kalptan hevesle, Yerini
doldurmazsa cüretle kimse. Arayıp
gelirse seni, çok uzak yoldan, Görse de,
feryadı atılıp gitse.

Yolların beklerse gökkuşağı visal, Gözün
gözlerine gitse katılıp.
Susup konuşsan kelebek misal,
İltifat şefkatinden gitse sevinip –
 Ne kadar iyi, Ne
 kadar iyi.

✧✧✧

Saçlarımı reyhan öptü,
 Bilmedin,
Dillerimden döktüm şeker,
 Bilmedin.
Dökül, dedim, dökülmedin,
 Dolmadın,
Şimdi senin göğsüne dağ düşer,
Şimdi benim göğsümde dağ döner.

Rüzgârlardan tuttum, geldim kendimi, Herkesten
kaçtım, ters çevirdim yüzümü. Saçlarıma muska
yaptım sabrı,
Şimdi senin benim gibi ukden olmaz. Şimdi
benim senin gibi asumanım olmaz.

Altın elma sakladım hep
　Bağımda,
Rakiplerim koparıp gitti
　Bağrımdan,
İçse yılan ölür şimdi
　Kanımdan,
Şimdi senin bağlarında güz ağlar, Şimdi
benim kısmetimde söz ağlar.

Günaydın

PAZARTESI GELIVERIR

Güz demeden, kış demeden,
　Serseri rüzgâr esiyor.
Saçtaki beyazla hiç ilgisi yok,
　Pazartesiler geliyor.

Sen başlarsın gönüllü işin,
　Birisi gerginlik salıyor.
Bakıyorsun ki cumartesi! Kalanı
　Pazartesiye kalıyor.

Salıya gözlenen işten, Cumada
da kurtulamazsın. Hepsi kaldı!
Yalnız ve yalnız,
Pazartesine yetersen sağlamsın.

Erken kalkıp sorarsın uğur,
Çarşambadan murat oluşma günü. Keşke
bitse, yok yarım kalır, Pazartesisiz
olmuyor sonuç.

Rahmetlilerin ruhu yardımcı,
Dileğini dile, perşembe.
Yarı ömür, yarıdır gönül, Hayat
ise pazartesi- cumartesi.

Koşarsın, hızlanırsın yorulup,
Buruşukların, ah, dizi-dizi.
Pazar günü bir gün sultansın,
Pazartesinin ise kölesi.

ILHAM

Birdenbire fırtına, gürültü, Uvuldap
koşar gözünü kaçırmadan, Kudümün
çalar şimşekler,
Gök gürültüsü ışıldar durmadan.

Birdenbire sel yağar yavaşça,
Fısıldan yağılır,
 Aheste-aheste durur.
Sonra,
Gülümseyip bakar kardelen.
Sevilen kız gibi bir çiçek,
 Ak kâğıt üstünde.

İki adim ötede çağırır cehennem, İki
adim ileride imler ilinç.
O ilinç damarına bağlanan saçım,
Saçlarım ucunda canim cihanım.

Saçlarım ucunda canim cihanım,
Vücudum asılı, asılı ruhum.
İki adim öteye ulaşmaz sesim,
İki adim ileride çağırmıyor kimse.

Aramayın, evimden bulamazsınız,
Ayvalar avare çiçeklendiğinde.
Bu gün kendinizden geçemezsiniz,
Kelebek şebneme ninni söylediğinde.

Aramayın evimden, hepsi boşuna,
Yaşamak aslında ezgisiz, nursuz.
Elinden gelmiyor tekrar doğmak, Ölmek
de imkânsız azmi Hudasız.

Arayıp dürmeyin şimdi ben yokum, Yapraklar
koynunda kalp sarhoş bu gün.

Ömrümde ilk defa yayım ben okum,
Kırk canim kendimle telaşsız, bütün.

Aramayın, telaşlı bezeler içre,
Ezilen kalp kimsesiz tepelerde yaylar.
Onun hiç kimseyle duyusu yok asla, Her
lif saçları kuş gibi şarki söyler.

Bu gönül işi yok firakın ile
Gözüne hiç bakmaz bugünden başlayarak.
Simdi sen evlerde dilenci gibi dilen, Yanından
akan su gidiyor bırakarak.

Aramayın, giderim, yoruldum, bıktım, Dertlerimi
bozkırlara buğday gibi saçmaya. Bahar bahane de
bir kudret sezdim, Kendimden kendimi alıp
kaçmaya.

NEDAMET

Feridem, feridim, feriştem,
    dedin,
Güldüm de gittim.
Ben seni kimseye değişmem,
    dedin,
Güldüm de gittim.
Sensin dünyalara yakışmam,
    dedin,

Güldüm de gittim.
Sen kimlere değiştirdin gittin,
Kavgalarda kayboldun gittin,
Dünyalara yakışıp gittin...
Ağladım, ağladım, ağladım...
Güldün de gittin!

OĞLUM NARIMANCANA

Yavrum, senin mutluluğuna yüze girseydim,
Sakalların göğsüne inerdi o anda.
Sen gelirdin kuşağın içine şeker koyup,
"Muşkulkuşad" okuyan şişman, kuru uzum ortada.

Gelmezse de elimden işlerine yararlık, Gerçi
işe yaramaz, yumruk gibi yarımcan, Olsam
bile dilimde duam-kılıç hem kalkan,
Dokunan faydam olmadan yürüsem yeter, yavrumcan.

Ben diri olsam eğer, başından güneş geçmez,
Toz değmez imanına, ışıklıdır yürüyen yolun.
Servetin yağmalanmaz, her zerrende bereket,
Gökteki aya kadar uzanacaktır kolun.

O zaman hiçbir alçak geçemez arzuların,
Mevsimlik dostlarda somurup gitmez sürünün.
Anneni seviyorsan, avucuna konur cihan,
Her çeşit büyücü de çiğnemez gururun.

Yakınına gelemez, dedeni yenen devler,
Güçlülüğünde kıyanlar, devranını surenler. Cüret
edemez, yavrum, nefs denilen-belalar, Hani,
yanaşsın bakalım kılıç oynayıp duranlar.

Yavrum, senin mutluluğuna yüze girseydim,
Saçlar beyazlasa da kurusa da iliğim.
Anneni seviyorsan, canim sana kurban olsun,
Gözüne bakacaksam, asla gelmezdir ölüm.

✧✧

Her halde alışıyorum, Bin
çeşit cefa ve öfkene.
Yaprak gibi sararmaktayım,
Baharı çekerek bağrıma.

Her halde ölmek de kolay değil,
Kolay değil yaşamak şu miyar.
Kırk bir tane saçıma bulaşıp,
Canımı gagalar bir meyil.

Meyil ki kanadı kırılmış, Göksüz,
pervasız nevasız Ölmeden
canından ayrılmış, Hatta ruh
edemez serafraz.

Bir günü canıma yeterim,
Alıştım eleme, firak'a,
Ah ben seni bırakıp gideceğim
Kendimi kovarım nereye?!

"Dizin küçüb zevkin sürgüm,
Dizinden başkası vefa etmeğe " Celaleddin Rumi

Ukde, senin ellerin uzun,
    ellerin kırılsın,
Hicran, senin şarkin mahzun,
    şarkın dursun,
Alnıma bitmeyen visal ay
    nüsha visal.
Visal, senin yüzlerin türlü
    yüzlerin bitsin.

Vücuduma sığmazsan yürek, uçup
    git, üçkil,
Damarima inmezsen, dilek
    göçüp git, göçkil.

Her gün bir defa, hiç olmazsa
   bir defa
Hatırımı gülletmezsen uçup
   git, öçgil.

Beş gün dünya, ah, demeye, Değer
   misin sen,
Ah desem de kan ağlasam,
   nazirmisin sen.
Padişah gönlüm dilenci oldu, Ters
   donucu bu dünya içre.
Yalan içre, gözyaşı içre hazır mısın sen.

Hayat senin muammaların kendine hikmet, Sana
   olsun hamd ile hamd.
Bana bir hilkat.
Dizim küçük zevkim alayım kendi halime bırak.
Vücudumdan ayır da ver ruhumu fakat.

Bir gün gelir,
   şöyle bir diz çökersin
   ağlarsın, ağlarsın
Parçalarsın yakalarını,
Güzelimsin dersin,
   sen dünyada yalnızım,
   balımsın dersin
   …dersin…dersin…

Bir gün gelir,
şöyle bir diz çökersin
öpersin, öpersin
izlerimin tozunu.
Affet dersin,
Affet, bir an göreyim, bir
an bir an...
Canim veriyim, özür dersin, özür,
özür...

Günaydın

Bir gün gelir,
şöyle bir diz çökersin
ağlarsın, ağlarsın
Ve nihayet söylersin karnında
çürüyen sözleri.
Ben ise bekleye bekleye
sağır olduğumda,
sağır nedir kör olduğumda,
tümsek bir mezar olduğumda.

Bana dokunma dur, bana konuşma, Hala
gönlüm yara, zedelenen can. Yürek –
titreyen bin gözlü kalbur,
Bak, hala damlaya damlaya akmaktadır kan.

Dokunursan dokülür laleli gönlüm, Gönül
– kırk yutsa da doymayan ejder. Hala siz
duymayan sözlerim bol bol.
Sevgi – ömrüne vurulan hançer.

Kısmet - kapına vurulan nal,
Nal – boynundaki dünya kaderin, Ne
olursa olsun Allahtan gördüm,
Sandığa kilitleyemez kimse kısmetı

Bana dokunma dur, bana konuşma,
Dokunursan, dökülür laleli gönlüm...

✧✧✧

Ben bir nihaldim,
   masume, hilal,
   rüzgar yaslandı,
Kametimi doğrulamaya mahküme oldum.
Yağmur ağlayıp geldi,
   ağlaşmadan ne yapayım,
   bana inandı,
Bir gecede bulut gibi doldum-da doldum.
Güneş her sabah saçtı
   hasretlerini, yandım
   da yandım
Canım yanıverdi canına eşit.
Kuşlar geliverdi

güneyden geçip,
  sevdi-ya sevdim,
Dillerim ucunda şebnemle diri.
Şöyle yaşıyordum,
  harcayıp kendimi,
    bulamadan çare.
Ariya bal verdim, kurtlara yemiş.
Her yaz yapıverdi
  taşlar borani,
    tenimi parça.
Tüm hacettalep murada yetmiş.
Bugün şöyle arda baktığımda
  birdenbire, büyük ağacım
    ben,
Damarları asili, dalları asili. Şimdi
uçmak imkansız,
  hiç göçüp olmaz,
    olan oldu.
Fakat değer ucuzdur, ah değer ucuz.
Şimdi özlüğünsüz yaşamak kolay
Dönmek muamma.

Şimdi özlüğünsüz yaşamak
  kolay, dönmek muamma,
Yolun bile gözükmez bundan de artık.
Asuman uzak olduğunu bilirdim ama
Yer de çok sert, fazla sert...

Evladım,
Damarımdan temiz kan verdim,
Canımdan çekip, candan can verdim,
Kametine güzel nam verdim,
Mutluluğuysa şimdi kendin bilirsin.

Evladım,
Eğittim verdim, gözün açılsın,
Dil-de verdim, sözün saçılsın,
Hasetlerin yolu kapansın,
Mutluluğuysa şimdi kendin bilirsin.

Evladım,
Bildiğim hep servet sana olsun,
Şerefim, sevletim sana olsun,
Gece-gündüz şevkim sana olsun,
Mutluluğuysa şimdi kendin bilirsin.

Evladım,
Evler inşa ettim sen yaşa diye, Helal ekmek değmez yanlışa diye. Kızım melek, oğlum padişah diye,
Mutluluğuysa şimdi kendin bilirsin.

Evladim,
Seni dersem elim yorulmaz,
Attığım adım, yolum yorulmaz.

Fikirim, zikrim, arzum yorulmaz,
Mutluluğuysa şimdi kendin bilirsin.

Evladım,
Bu dünyanın şekeri sensin Gönlümün
incisi cevheri sensin. Dil sarayın
sarvari sensin, Mutluluğuysa şimdi
kendin bilirsin.

Evladım,
Ne ki yapsam şuna eminim,
Allah'ın emri, razıyım.
Ama şuna şuna zayıfım, Mutluluğuysa
şimdi kendin bilirsin.

Günaydın

"Yavaş - yavaş sevdim seni..."
Ramz Revşen

Beni az-az sevdir, yavaş
ve sakin, Ellerimi öğret
eline, gözlerimi gözüne
öğret,
masallarım uçsun sen tarafa,
başörtüm kuş olsun boynunda...
Beni az- az sevdir,
yavaş ve sakin...

Ve...

Günde- günde seveyim,
gülende seveyim, bulutlarda
akisin görünsün, dağlarda,
bahçelerde...
her neye bakarsam sen gözük... nefesini
hissetiyim omuzlarımda...
ayada tohum yiyen kuşcuklar gibi kendine öğret... Ve

... Ve...

Beni az- az sevdir,
yavaş ve sakin...
saçların köküsün gönder rüzgardan,
yağmurların yıkasın gözyaşlarımı,
tırnaklarım yansın,
gözlerim yansın, damarlarım
dirilsin ,
dudaklarım patlasın söyler ikrardan...
içimde bir kadın solmasın !...

Ve...Ve...Ve...

Beni az-az sevdir,
sakin ve yavaş...
hissetmeyim yaşadığım,
hissetmeyim öldüğüm...

✧✧

Uza-a-a-a-k yaşamak istersin,
Kendin ektiğin
ağaçlardan da,

Uza-a-a-a-k yaşamak istersin,
Kendin söylediğin
şarkılardan da,

Uza-a-a-a-k yaşamak istersin,
Kendin inşa
ettiğin
binalardan da,

Ama,
asla ve asla,
Uza-a-a-a-k yaşamak istemezsin,
Kendin doğuran
çocuklarından !...

İyiki söylemedim zamanında, İyi
ki söyledim ya, zamanında,

Ara yol sözcülük, fırsatçılık,
Ara yol safsata, safsata.

İyi ki kararımdan dönmedim,
İyi ki döndüm ya kararımdan,
Ara yol yanlışlık, ayrılık,
Ara yol risk mutluluğumdan !

İyi ki gittim ya yanına, İyi
ki gitmedim yanına,
Ara yol serserilik, avarelik,
Ara yol ölümdür canına !

İyi ki...
İyi ki???
İyi ki!!!

Padişahım, devletli Sultanım,
Emirim, Hanım, Hakanım,
Sahibim,
Himaye et...Himaye et...
Adaletine değmez miyim ?!

Eram bahçesi kendim,
Havzi Kevser kendim,
Çeşme-i Ayıp kendim,

Gel, tadını çıkar, Huzur
et...Huzur et... Rahatına
Değmez miyim ?!...

iki kaşım, iki gözüm,
iki zülüf siyahımla , iki
some' kulaklarım,
Kırk bir ordu kirpik ile, iki
iliğim, iyi ayağım,
Yetmiş dört yüz kemik ile ben
seninim, ben seninim !

Gözyaşım yaşı nehir oldu,
Gönül derdim dünya oldu,
Seni dileyip dilenci oldu,
Gel, eli açık,
Cömertlik et... Cömertlik et...
Haysiyetine değmez miyim ?!.

Bu cihanın mehvari - aşk ,
Gönül serveti cevheri- aşk,
iki dünya kaynağı- aşk, Gel,
Aşk,
Keramet et...Keramet et... Sevgine
değmez miyim ?!...

Yalnız kadın,
Kelebek gibi.
Çiçeğe konarsa,
Uyur o.

O şebnemdir,
Seccadesi nur. O
bir rüyadır,
Yastığı gurur.

O bir yıldız,
Yanıp- durur, O
siyah gece,
Nurlar içer...

O bir sükut Geceleri
sessiz, Ayı kucağına
alıp- Ağlar çok- çok.

O bir kuştur,
Vücudu titrek,
Filiz ucunda
O son yaprak .

O bir cevher,
Değeri filan.

O bir kervan, Devleti
talan (yağma)

Yalnız   kadın,
Allah'tır   yarı,
Allah'a   sinip,
Allah'tır varı !

Yokluğun gülü,
Serap'ın yolu,
ömrünün kulu-
Azizim.

Sonbaharın güneşi,
taşın gözyaşı,
sırın sırdaşı-
azizim...

Derdin dermanı,
gönül dermanı,
dar ağacının halatı- azizim...

Yalnız günahın,
aşkım- himayem,

Göğsümde nalem- azizim...
Dünyam kemeri,
ruhum imanı,
canımın canı-
azizim...

- Hoşçakal- dedin ve uğurladım sessiz,
- Görüşmeye kadar dayanır mı, yürek?
Hicran bizi salıncak yaptı,
Yine kendi
sallasa
gerek.

- Hoşçakal- dedim sessiz kaldın,
- Görüşmeye kadar dayanır mı, yürek?...
Dünyasını anladık, yetiştik,
Yaşamak
için
özlemek
gerek!...

✧✧

Sanki taşlar damla yutmuş gibi, Sanki
güneş ayı beklemiş gibi, Sanki dünya
bir saniye, geçmiş gibi, Seni özledim !

Misal seyyah yol bulamadan abes, Misal
alev alamadan nefes,
Misal dünya süs ve altın kafes,
Seni özledim !

Günaydın

Güya rüzgar taşları oydu, Güya
sabır canından doydu, Güya yer
de dönmüyor gibi, Seni özledim
!

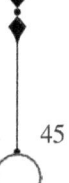

45

✧✧

içimden...
içimden...
içimden bir ses geliyor... bir
ses geliyor, şimşek gibi, Sel
alma tehlikesi var,
dağ ve taşları... Ağlamak
istiyorum... Evet,
öyleyse,
Evet, öyleyse,

ŞIIR geliyor, PIŞT - PIŞT!
Yoldan kaçın, PIŞT - PIŞT!

içime...
içime...
içime bir zelzele giriyor,
zelzele giriyor, ürperti acımasız...
Volkanın tehlikesi var,
vakitsiz, yersiz,
Bir su baskını geliyor ... Evet,
öyleyse,
Evet, öyleyse,
ŞIIR geliyor, PIŞT - PIŞT!
Yoldan kaçın, PIŞT - PIŞT!

içimde...
içimde...
içimde bir alev yanıyor
bir alev yanıyor güneşe ikiz...
Yangının tehlikesi var,
insanoğlunda.
Kor olmak istiyorum...
Evet, öyleyse,
Evet, öyleyse,
ŞIIR geliyor, PIŞT - PIŞT!
Yoldan kaçın, PIŞT - PIŞT!

içime...
içime...
içime asumandan ay düştü,

asumandan ay düştü, aşk gibi mülayim,
Bitmek tehlikesi var yerlik
dertleri,

O, huzur geliyor...
Evet, öyleyse, Evet,
öyleyse,
ŞIIR geliyor, PIŞT - PIŞT!
Yoldan kaçın, PIŞT - PIŞT!

içimin...
içimin...
içimin mekanı büyür, dünya ayamda,
Nurlanmak tehlikesi var ,
cansız vücutları, Dirilmek
istiyorum... Evet, öyleyse,
Evet, öyleyse,
ŞIIR geliyor, PIŞT - PIŞT!
Yoldan kaçın, PIŞT - PIŞT!

Beni sonbahara evlendirdi ağustos,
Şarkı söyleyip, zılgıtlar söyleyip.
Saçlarımı yıkadı yağmurlar,
Ellerimden rüzgarlar tutup, Bırakıp
gitti...
　　Şarkılar söyleyip...

Gelmedi dönüp... O,
AĞUSTOS !

Kırmızı renk bahçelere düştü,
Benim başım- palahman taşı.
Kırmızı renk yüreğimle, Soğuk
rüzgarın olmuyor işi...
Eh, AĞUSTOS !

Beni affet, sende günah yok,
Kısmet bizi ayırdı.
Sen uğurladın... "Hoşçakal!" -
demedim, Allah şunu, şunu
istedi...
AĞLAMA, AĞUSTOS...
EH, AĞUSTOS...!
O, AĞUSTOS...!

✧✧✧

Ya Allah'ım merhametlim,
Aşkın içre şeyda et, Hükmün,
esmin kölesiyim, Sözün içre
oluştur.

Teveccuhde intik ağlayıp,
Günah içre can ağızlap,
Tövbe gecen bitirme,
Geceleri eğlendir.

Affedici kendinsin,
Silici kendinsin,
Senden söyleyip, söyleyici sur
neyi gibi seda et.

Zikrin söylersem zevk alırım,
Dilbaz saç ve tırnaklar, Yetmiş
iki damarımda
Akan kanım ezgi et.

Ben bir cahil kölenim,
Kölelikde yok günah, Bu
ilâhî şiir yazdım,
Gönüllere şifa et.

Her ne geldi başıma,
Gördüm türlü gizliği,
Miraç günü sarpim,
Buluşmaya aşna et.

Günüm bitip bir günü,
Gelecekse eğer o ölüm,
Vicdanimde, imanda, İbadette
icra et.

Ya Rahman'im, ya Rahim, Ya
Sabrım, ya Kabir,
Benim gibi günahkar köleni,
Yalvarırım dua et.

Ferid Afruz, sözün söyle,
Konuşmak mutluluğu sendedir,
Kendini bul, özlükte, Özlüğüne
vefa et.

Salıncaklar sallan gökkuşağı ile,
El- ele dans et kelebek ile,
Yaşayacaksın, yaşa, fakat can ciğer ile, Ömür
aslında bir gündür,
O gün- bugündür.

Yarını düşünmek sena değil,
Ölene ağlamak sena değil, Cezayı
kullanmak sena değil, Ömur
aslında bir gündür,
O gün- bugündür.

Eteğinden rüzgar geçti mi yeter!
Dirilik yanında her şey de çöptür,
Başın sağ salimse, dağlar da alttır,
Ömür aslında bir gündür, O
gün- bugündür.

Anne- baban dönmedi, sende dönmezsin, Bu
dünya sonuna sende yetmezsin,
Ki, Navai demedi, sende demezsin,

Ömür aslında bir gündür, O
gün- bugündür.

Nuh gibi ömür görmeyi istersen de şu,
Vaktin atını acile ettirsen de şu,
iyi nam alsan da almasan da şu,
Ömür aslında bir gündür,
O gün- bugündür.

Ey, Ferit, lahzalar şükrü ile yaşa,
Bu dünya bayramdır, yap ki eğlence,
Aşık adın kalır yüzyıllar geçe,
Ömür aslında bir gündür, O
gün- bugündür.

Günaydın

Sen onda yalnız,
Ben bunda yalnız, Aramızda
yağar yağmurlar, Yağar
yağmur,
Yağar ağrık,
Ve kahrolur ağrık
Ve ezilir, damlar kalp.
Sen onda yalnız,
Ben bunda yalnız, Aramızda
telefon avare, Teller güler,
teller ağlar

Ve üzülür...Sıkı çakır ruh.
Sen onda yalnız,
Ben bunda yalnız,
Aramızda sözler kılıçtır,
Bazen seni ağızlar, bazen
beni de ,
Şefkat bilmez iki aşık gönül

ŞIIR ALEMI

"Şefkatlim, ben sizi buldum..." Rauf Parfi

Şefkatlim, ben sizi buldum,
Yaprak dökümlü bahçelerin, sonbaharlı, ayazlı, Bomboş geceleri yağmur, rüzgarlı, Aşağılanmadan yumuşayan umutlar içinde, ben sizi buldum.

Buldum, pencereme keklikler kondu,
Şakıdı, şakıdı can çıkana kadar.

Dolu yağar yalnız geceler,
Baharsız çiçeklendim, yaprak açtım kendimden geçip,
ben sizi buldum,
Şefkatlim, bu ne felakettir bu nasıl kısmet . Bu tatlı canımdan sövüp buldum.
Bu nasıl saadettir, bu nasıl kısmet , Kendi kanımı kendim içtim ve doydum,

ben sizi buldum.
Bulmasam, gözlerim yola dökerdim, Her
zerre toprağı sızlayarak öperdim, Bu
aydın dünyada nursuz, ezgisiz
vızıldayarak, arayıp geçerdim, Mahremi
esrarım,
Mahremi canım. Ben sizi buldum- ŞIIR
ALEMI.

Kaç, beğim sar geldi, Yer
ve gök dar geldi. Dünya asli
kacreftar, Kimden kimdir
zor geldi,
　　Kaç beğim sar geldi.

Kaçan kaçip gidecek,
Kovan elbet yetecek, Dünya
kendi kacreftar,
Kendinden bikan ne yapacak.
　　Kac, beğim sar geldi,

Bal arida yalan yok,
Kelebekte arman yok. Dünya,
dünya kacreftar Karinca da
imkan yok.
　　Kac, beğim sar geldi.

Sar murati göz oymak, Tatli
canina doymak. Dünya, ey
vah kacreftar Bize kismettir
yanmak.
  Kac, beğim sar geldi.

Yere siğmayan canin,
Gökte ne yapar halin.
Dünya, zülüm kacreftar
Şumu, kısmet - amelin.
  Kac, beğim sar geldi.

Saçim ucu laleli, Kulak
küpemdir ayli. Dünya ise
kacreftar Şimdi
şarkilarim neyli.
  Kaç, beğim sar geldi.

✧✧✧

Ben deli, sen de deli,
Ikimize asayiş yok.
Ikimizin de hiç kimseye,
  Zararimiz yok, ziyanimiz yok.
    Ama bize hiç asayiş yok.

Ben deli, sen de deli, aşk,
Ikimize kanat nerde?!

Kuşlar büyük, kelebek güclu,
Ikimize yok necat ,
Ikimize yok kanat?

Ben deli, sen deli, şiir, Ikimizi
ihanet yer.
Ikimizi bu çağ değil, Bu
zamanci şairler yer,
Şairleri şairler yer!!!

Ben deli, sen de deli, Ikimize
asayiş yok…

Günaydın

Iki adim ötede çağirir cehennem,
Iki adim ileride imler ilinç.
O ilinç damarina bağlanan saçim,
Saçlarim ucunda canim cihanim.

Saçlarim ucunda canim cihanim,
Vücudum asılı, asılı ruhum.
Iki adim öteye ulaşmaz sesim,
Iki adim ileride çağirmiyor kimse.

Aramayin, evimden bulamazsiniz,
Ayvalar avare çiçeklendiğinde.
Bu gün kendinizden geçemezsiniz,
Kelebek şebneme ninni söylediğinde.

Aramayin evimden, hepsi boşuna,
Yaşamak aslinda ezgisiz, nursuz.
Elinden gelmiyor tekrar doğmak ,
Ölmek de imkansiz azmi Hudasiz.

Arayip durmayin şimdi ben yokum,
Yapraklar koynunda kalp sarhoş bu gün.
Ömrümde ilk defa yayim ben okum, Kirk
canim kendimle telaşsiz, bütün.

Aramayin, telaşli bezmler içre,
Ezilen kalp kimsesiz tepelerda yayrar.
Onun hiç kimseyle duyusu yok asla, Her
lif saçlari kuş gibi şarki söyler.

Bu gönül işi yok firakin ile,
Gözune hiç bakmaz bugünden başlayarak.
Simdi sen evlerde dilenci gibi dilen,
Yanindan akan su gidiyor birakarak.

Aramayin, giderim, yoruldum, biktim, Dertlerimi
bozkırlara buğday gibi saçmaya. Bahar bahane de
bir kudret sezdim, Kendimden kendimi alip
kaçmaya.

ABI,
sena çok ağir,
Abi olmak, anı
dar,
Mutluluğu siyah, gözleri siyah,
Gönlü yara- KIZ KARDEŞIN- KADINa!

KARDEŞ,
sena çok ağir,
Kardeş olmak,
kaşleri kalem, yastiği sabır,
Hurlere yoldaş - ABLAN- KADINa!

DÜNYA,
sena çok ağir,
Dünya olmak,
yalnız kadının
Namertina hor, naleleri zor,
Yediği ekmek ar- ANNEN- KADINa!

Hissetmeden kaliriz, annemiz,
Saçlarini beyazladiğini.
O çölpan[1], o ateş gözlerin
Nurlarini sönüklandiğin,
Yüzleride buruşukler olduğunu,
Hissetmeyiz.

Letafet, güç - kuvvet, hepsini
Bütün bir bizlere verdiğini, Şöyle
gurur duyup gece-günduz, Hafıye
bakarak böyuma,
Bir içki gururla baktiğini,
Hissetmeyiz.

Siz benim canımsiniz, güzelim,
Varimsiniz, arimsiniz, güzelim,
Siz olduğunuz için ben de varim dünyada, Ben
varim, siz var dünyada,
Ihtimal, şu sebep , annecim,
Saçiniz beyazladiğin,
Bilemuyoruz,
Koşan ömurun geçtiğini,
Hissedemeyiz !...

Sen asisin, ben nankör,
Ikimizi yildirm çarpti. Nereye
gittin, mutsuz, Fırtına durdu,
fırtına durdu.

Şimdi dön, ben de döndum,
Estağfurullah, Alhamdulillah.
Nanköruz, gafil köle,
Her adimin kendi günah.

Günah çoktur sende, bende,
Yaradandan himaye dileyip-
Şimdi dön, ben de döndum,
Estağfurullah, Alhamdulillah.

Çok ağladim, sen zevk aldin, Ben
dondum Allah'a birakib, Dil
gagalattim, sen zevk aldin, Bugün
ukde, afgan galip.

Şimdi ben döndum, ben de döndum,
Estağfurullah, alhamdulillah.
Sınav emiş aslinda hayat,
Özluğunu çabuk anla.

Inşaallah, verir çare, Kufur
etme özluğe ama.
Şimdi dön, ben de döndum,
Estağfurullah, alhamdulillah.

Emri vacip iki dünya, Yanar
olduk, yanar olduk. Allah
şimdi dağ yap bizi, Bir birini
sever olduk.

Şimdi dön, ben de döndum,
Estağfurullah, alhamdulillah.

Bu günler de ganimet, Karlar
erib bitiyor.
Gelse bahar amanet,
Geçse, ömur geçiyor- Gel,
benim bensizim.

Sabır- elma çiçek açti, Pişse
dilin yariyor.
Taş yüreğe girene kadar
Anılar kaniyor-
Gel, benim bensizim.

Bu nasil garip sevda
Başi kapalidir, yolum yok.
Ağlayin dersem can çikar,
Çağiriyim dersem dilim yok- Gel,
benim bensizim.

Her sabah tekrar çiçek açar,
Yildirm çarpan hafizem.
Adı var ama kendi yok,
Masaldaki cesurum-
Gel, benim bensizim.

Dünya aslinda dönme dolap ,
Inkar ederse, kendiden ederde.
Seni verip Allahim,
Alacaksa canım alirda, Gel,
benim bensizim.

Seni hayalimden gizleyemem,
Koparamıyorum seni çekip çıkarıp.
Senle gidemem ,
Şiirler yazamam, zehirler
yutub.

Seni hayalimden gizleyemem,
Suva atamam, aleve yakamam.
Bırakıp gidemem,
Şiirler yazamam, Zehirler
yutub.

Günaydın

Seni kismetimden gizleyemem, Taşlar
atamam takdiri lanet edip. Zevk alip-
eğlenemem,
Ağlayip- ölemem ,
Şiirler yazamam,
Zehirler yutup !

Nasil yaşayin şimdi, söyleyin şimdi, iyiler,
Ben seven yar ecinnenin saçin silar.
Kendi benim kalbimi kan ağlatib, Yine
kendi bena eğlenceli zaman diler.

Nasil yaşayin şimdi, söyleyin şimdi, iyiler?!
Akşamda turna sesleri nasil duru,
Can kuşlarim şimdi beni görmeden geçer.

İniş yapmadan geçer, koniyim derse dalım kirik,

Aşkim şimdi fırındaki ekmek gibi duru, Akşamda
turna sesleri nasil duru.
Şimdi ukde sevgilinim diye saçim silar, Bu
sevdadan kalp biçare parça parça.

Bu can dedikleri bundan çok sadık olamaz,
Neden gök yıkılmaz, yer yutmaz,
Neden dünya gülüyor, niye sakinim?! Şimdi
ukde sevgilinim diye saçim silar.

Nasil yaşayin şimdi, söyleyin şimdi, iyiler,
Ben seven yar ecinnenin saçin silar?!...

✧✧

Ötuzum yandiya, ötuzum yandı,
Ötuzumde ödün olmadan.
Ötuzum ötuz kere kendini inkar etti,
Ötuz kahkulleri topuğa vurub.
Ötuzumda ötuz sevda kuma
oldu ne yapıyım, (o gülüşü belirsiz...)
Ötuz kuma yılanları akşamdaş oldu ne yapıyım, (Ah,
ninnisi bir sakin...)
Ayrı dilli yılanlara,

Ayrı yaptin, dil arkadaşım,
Bal veren dilleride şimdi zehiri belli!

Ötuzum yandiya, ötuzum yandı,
Ötuzumde ödün olmadan.
Ötuzum ötuz kere kendini inkar etti,
Ötuz kahkulleri topuğa vurub.
Gideyim dedim gidemedim,
yollarıma karlar yağdı, kar neyi namus yağdı.
Ötuz çinar dallarından

GULNAZE KIZIMA

Mavi asuman, Parça
bulut, Uçuyor
kırlangıç.
Avlumuzde bir kayısı ,
Kizim salıncakta sallanıyor.
Kırlangıcın kanati
gibi,
Kaşlarını severim,
Kayısı çiçeği olarak senin
Ayağına dokulayım.
Avlumuzda
bir kayısı
Salıncağın   sallıyor,
Salıncakla   ikimizin
Arzularda sallanır.

BABAM VEFAT ETTİĞİ GÜN

1

Dertlerimi tohum yapıb saçtım toprağa,
Kuşlar toplayıp yiyor ve çekmeden öldü...
Dertlerimi ağaçların dalına astim,
Taşıyamadan biçare yedi büküldu...
Dertlerimi arkaya taşıyıp çıktım dağlara , Büyük
taşlar bir anda durmadan döküldü... Dertlerimle
sahralar yandı ve gitti...

2

Göğsümde nedir acıyor,
Bilmem ne cız diye yanıyor,
Bence dertlerim büyür- Atılıp
çıkmaya hazırlanıyor,
Patlayıp çıkmaya hazırlanıyor.
Vukufsuzluk'un ışığı parlayan gün,
Ebedilik kendini inkar ettiği gün.
Ben sizi kaybettim, babacım- Beyaz
karlar taş olarak yağdığı gün,
Yağmurlar gözyaş olarak akan gün.

O günün gündüzü karanlıktır, O
günün kuşları ağaçsiz,
O günün göğüsü yaradır !...

Güvenmeniz kınasina, o
kadının elleri kan,
Yüreğini koparan,
sandığında saklanır can, O
seray yalandır,
Gönlü aslında viran, viran,
Şefkata muhtaç kadının, şefkata muhtaç kadının.

Topluluklarda yaramaz günler,
veriyor her kese hile,
Şarkı söyler qaval « bang»
sürmeli kaşların gerib.
O, zılgıtlar zılgıt değil,
Ezrailin şarkısı
Şefkata muhtaç kadının, şefkata muhtaç kadının !

Inanmaniz uykusuna,
yatiyor sadece titreyerek vücut,
Ruhu uçuyor kuşlarla,
Iyi ki hayal var,
Kaçıyor, gidiyor,
asumanda ol, ŞEFKAT,bekle, bekle,
Şefkata muhtaç kadını, şefkata muhtaç kadını!

✧✧

Hayalimde
beyaz nurlu geceler,
Hayalinda
sim-siyah geceler,
Bu bizim gecedeki hayalimiz.
Hayalimde
Livan'lik çocuklar, Hayalinda
Hiç gereksiz hayaller,
Bu bizim gündeki mülahaza.
Sen kıskançlık
yaparsın durmadan,
Ben yorulmadan
dizerim mısralar,
Bu bizim ezeli şarkımız.

✧✧

Dağları da kum gibi yapmam mümkün, Suleri
ters akıtmam kolay.
Kuçağimda eriticam kişi, ayazı,
Rüzgari kuçağima saklarım.
Istersem...
Istersem...
Hepsine
Kadirim, Acaba,
Sadece seni affedemem!

Yağmur benim özlem gözyaşlarım,
Duriyim dersem, parlar yıldırm,
Sanki asuman paramparça olur , Ve
Koparılıp yere düşer. Yağmur
benim...
Yağmur senin...
Duriyim dersek,
gürültü yapar
şimşek,
Ikimizin tam üstümüzde.

Akşam...
Yağmur...
Sihirli gece...
Kurbağalar sanki sanatcı...
Beraber şarki söylerler...

Akşam...
Yağmur... Sihirli
gece... Sıcak
bağır... Sıcacık
öpücük
Dudağı yandırır...

Akşam...
Yağmur... Sihirli
gece...
Yürek koşar sanki binici, Kan
köpürür, damara sığmaz,
(evrilish) güzel, yalın.

Sabah...
Güneş... Sihirli
sabah...
Yağmur durur, durur ihtiras,
Üşenib uyanır duran vakit ...

✧✦✧

Sır saklamak şöyle zormu, Neden
söyleyin aşık olduğum?!
Biliyordun ki rüzgarın sen
Çiçekler ile fısıldadiğin,

O çiçekleri biliyordun ki, sen ,
Bülbülcima söylemesini ,
Bülbülcim sa , ötücü kuşcuk,
Biliyordun ki esir etmesin,

Şakıdığinde her türlü kalp ,
yavaş durub dinlemesin...
Niye beni ifşa ettin,
Niye söyledin aşık olduğum?!

✧✧

Sen gündursun ben gece,
Siyah siyah saçlarım.
Sen aydursun ben güneş, Sen
mutluluksun ,ben kader,
visal bize göre mutlak yabancı,
Bir-birimizi kovlayip niye,
Yetişemeyiz, sevgilim ne gariptir ki ?!
Ben visalim , sen hicran , Sen
muratsin, ben ukde, Saçlarım
da perişan...

✧✧

Özleyip gelirsin yanıma,
Gidersin yine de özleyip.
Yoluna bakarak yaşarim ,
Ben garip, ben garip, ben garip...

Özleyip yazarsin mektupler,
Ökursun cevapim özleyip. Yoluna
dikilip yaşarim, Renklerim
sararib, sararib.

Özleyip, derin saygi gösterib,
Bekleyip gözume özleyip.
Şu tarzde ukdeye kaptirmadan,
Yaşarim sen galip, ben galip.
ÖZLEYIP...

MUNDARIJA

GÖNLÜM ... 3
VATAN HAKKINDA HÜR SARKI ... 4
KIZ KARDEŞIM SAADET HANIMA ... 5
SENSIZ YAŞAMAYI ÖĞRENDIM ŞIMDI ... 6
YALNIZ KADIN ... 7
BEN KIMIM ... 8
GELECEKSEN GEL ... 9
CANIM BENIM ... 10
BENI BIRAKIVER ... 10
KAPINI BILMEDEN AÇTIM ... 11
ANNA AHMATOVA HATIRASINA ... 12
ANNEN ÖLMESIN ... 13
ZEMIN GIBI DÖN BAŞIM ... 14
YINE GERI DÖNMENIZE ... 15
UÇKUR AT BINEN BINICI ... 17
BÜTÜN GECE DURMADI YAĞMUR,. ... 18
GIDERIM ... 19
ILINÇ ... 20
RUH RÜZGARI ... 21
SENDEN BAŞKA YOK ILINCIM ... 22
NE KADAR IYI ... 23
SAÇLARIMI REYHAN ÖPTÜ ... 24
PAZARTESI GELIVERIR ... 25
ILHAM ... 26
İKI ADIM. ... 27
ARAMAYIN ... 27
NEDAMET ... 28
OĞLUM NARIMANCANA ... 29
HER HALDE ALIŞIYORUM ... 30
UKDE, SENIN ELLERIN UZUN ... 31
BIR GÜN GELIR ... 32
BANA DOKUNMA ... 33
BEN BIR NIHALDIM ... 34
EVLADIM ... 36

BENI AZ-AZ SEVDIR 37
UZA-A-A-A-K YAŞAMAK ISTERSIN 39
İYIKI SÖYLEMEDIM ZAMANINDA. 39
PADIŞAHIM 40
YALNIZ KADIN 42
YOKLUĞUN GÜLÜ 43
HOŞÇAKAL 44
SANKI TAŞLAR DAMLA 45
IÇIMDEN 45
BENI SONBAHARA EVLENDIRDI AĞUSTOS 47
YA ALLAH'IM MERHAMETLIM 48
SALINCAKLAR SALLAN GÖKKUŞAĞI ILE 50
SEN ONDA YALNIZ 51
ŞIIR ALEMI 52
KAÇ, BEĞIM SAR GELDI 53
BEN DELI, SEN DE DELI 54
IKI ADIM ÖTEDE 55
ARAMAYIN 56
ABI, SENA ÇOK AĞIR 57
HISSETMEDEN KALIRIZ 57
SEN ASISIN, BEN NANKÖR 58
BU GÜNLER DE GANIMET 60
SENI HAYALIMDEN GIZLEYEMEM 61
NASIL YAŞAYIN ŞIMDI 61
ÖTUZUM YANDIYA 62
GULNAZE KIZIMA 63
BABAM VEFAT ETTIĞI GÜN 64
GÜVENMENIZ KINASINA 65
HAYALIMDE 66
DAĞLARI DA KUM GIBI YAPMAM MÜMKÜN 66
YAĞMUR BENIM ÖZLEM GÖZYAŞLARIM 67
AKŞAM 67
SIR SAKLAMAK ŞÖYLE ZORMU 68
SEN GÜNDURSUN BEN GECE 69
ÖZLEYIP GELIRSIN YANIMA 69

Çevirmen:
Şermuhammad Subhon

www.ingramcontent.com/pod-product-compliance
Lightning Source LLC
LaVergne TN
LVHW010608070526
838199LV00063BA/5112